Inhalt

Organisationsentwicklung - auf der Suche nach der Arbeitswelt von morgen

Kernthesen

Beitrag

Fallbeispiele

Weiterführende Literatur

Impressum

Organisationsentwicklung - auf der Suche nach der Arbeitswelt von morgen

Robert Reuter

Kernthesen

- Die Organisationsentwicklung (OE) gibt es in Deutschland seit rund 30 Jahren.
- Ziel der Forschung ist das humane Unternehmen, in dem ein positives Miteinander zu Effizienz und Erfolg führt.
- Von der Betriebswirtschaftslehre werden OE-Modelle jedoch nur zögerlich übernommen. In den Unternehmen spielen stattdessen Managementsysteme wie Kaizen oder Reengineering die größere Rolle.

Beitrag

OE in Deutschland

Die Organisationsentwicklung hat in Deutschland eine rund 30-jährige Geschichte und ist damit noch immer eine junge Forschungsrichtung. Die Disziplin versucht, Konzepte zu erstellen, um in bestehenden Organisationen - also auch und gerade Unternehmen - sozialen Wandel herbeizuführen. Für ein solches Interventionskonzept werden unter anderem gruppendynamische Prozesse angestoßen, die sich auf die Unternehmenskultur niederschlagen sollen. Ziel des Ganzen ist es, Verhaltens- und Einstellungsänderungen der Akteure zu erreichen, um so die Gesamtorganisation effizienter zu machen. Die Organisationsentwicklung strebt damit insbesondere eine humanere Arbeitsorganisation an, die es dem Einzelnen ermöglicht, sich mit dem Unternehmen und seiner Tätigkeit besser zu identifizieren und so zu einer höheren inneren Motivation zu gelangen. Zudem ist eine schlagkräftige Organisation in den Augen der Organisationsentwickler dadurch gekennzeichnet, dass sie besonders flexibel ist, eine hohe Veränderungsbereitschaft aufweist und im Ergebnis innovativer ist als andere Unternehmen. [1], [2], [3]

Durchwachsene Bilanz

Trotz 30-jährigen Wirkens kämpft die OE bis heute um Akzeptanz. Ihr Hauptwidersacher ist dabei die klassische Betriebswirtschaftslehre (BWL), die sich den Ideen der Organisationsentwickler nur schleppend öffnet. Die Gründe dafür liegen auf der Hand: Nach eigener Aussage richtet sich die OE insbesondere an die Führungskultur in den Unternehmen. Um also einem OE-Berater die Tür zu öffnen, muss bei Managern und Führungskräften die Erkenntnis gewachsen sein, dass das eigene Führungsverhalten verbesserbar ist und dafür in Frage gestellt werden muss. Besieht man sich die mentalen Grundlagen der heutigen Managergeneration - nicht nur in der Bankenwelt - hat man jedoch kaum den Eindruck, dass Selbstkritik und die Fähigkeit zum Hinterfragen des eigenen Führungsstils besonders verbreitet wären.

Ein zweiter Grund ist der Behandlungsgegenstand selbst. Eine Organisation ist ein hoch differenziertes und damit komplexes Gebilde, das die Schaffung ganzheitlicher Konzepte sehr schwer macht. Die Vorschläge von Organisationsentwicklern kommen manchem gestandenen Firmenchef daher als abstrakte Ideen vor, die sich in der Unternehmenswirklichkeit kaum einsetzen lassen. Die Folge ist, dass sich die Unternehmen in

Deutschland viel stärker als der OE den modernen Managementmethoden insbesondere japanischer Provenienz geöffnet haben - und die OE dabei außer Acht lassen. Lean Production, Just-in-time, Kaizen oder Reengineering spielen heute in vielen Unternehmen eine Rolle - gehören aber nicht zum Output der Organisationsentwickler. Für die betriebswirtschaftlich ausgerichteten Manager in den Unternehmen haben diese Managementmethoden gegenüber den grundsätzlichen und stark von der Psychologie bestimmten Vorschlägen der OE einen höheren Reiz, da sie sich ganz konkret auf die Verbesserung der Ertragslage und die Senkung von Kosten ausrichten. OE-Konzepte erscheinen demgegenüber häufig als zu weit von der Unternehmenswirklichkeit entfernt, zudem steht ein messbarer Nutzen in Frage. Da die OE selbst zugibt, dass sich sozialer Wandel in einem Unternehmen nur in einem über Generationen dauernden Prozess erreichen lässt, ist die Distanz der Manager allerdings erklärlich. Gerade in Aktiengesellschaften sind die Shareholder kaum bereit, Erfolgsaussichten zu akzeptieren, deren finanzieller Niederschlag frühestens den eigenen Enkeln zugute kommt.

Nicht zuletzt richten sich Kaizen und Co. eben nicht primär auf die Führungs- sondern auf die gesamte Unternehmenskultur. Ein kritisches Nachdenken über die eigenen Talente bleibt den Managern bei der

Anwendung der japanischen Organisationskonzepte daher weitgehend erspart. Die deutsche OE grenzt sich darum von japanischen Managementsystemen ab und ordnet sie der Disziplin "strategisches Management" zu.

Nach Aussage von Experten ist die OE bisher an der Aufgabe gescheitert, ihre Konzepte zu professionalisieren. Kritisiert wird auch, dass es in Deutschland noch nicht gelungen ist, die Aktivitäten von OE-Beratern mit der Führungsausbildung zu verknüpfen. Die Schuld daran wird der BWL-Ausbildung an den deutschen Hochschulen gegeben. Auf die Erfolge der strategischen Managementkonzepte wie eben Kaizen und Reengineering blicken die deutschen Organisationsentwickler darum durchaus mit etwas Neid. (1), (8)

Humane Arbeitswelt als Ziel

Die Abgrenzung der OE ist allerdings nur folgerichtig, wenn man sich ihre Wurzeln und ihre Ziele anschaut. Noch in den 70er Jahren, als das Nachdenken über OE in Deutschland erst langsam begann, herrschte in den Unternehmen häufig ein antiquiertes Führungsdenken vor. Demokratische Mitbestimmung, Teamgeist und Informationsgleichheit waren hier Fremdworte, stattdessen sorgten Bürokratie und autoritäre Führung für erstarrte Organisationen, in denen sich der Einzelne überdies unwohl fühlen musste. Anders als japanische Managementsysteme richtete sich die OE darum nicht darauf, ehrgeizigen Managern neue Konzepte an die Hand zu geben, mit denen sich Kosten senken und Erträge steigern lassen. Stattdessen war Partizipation das Ziel, die Erreichung einer positiven Führungskultur, die dem Mitarbeiter Platz zur freien Entfaltung verschafft und so die ganze Organisation beweglich und schlagkräftig werden lässt. Organisationsentwickler bezeichnen ihre Disziplin darum auch als angewandte Sozialwissenschaft - womit die Kluft zum ertragsorientierten Managementsystem klar bezeichnet ist. Die Humanisierung der Arbeitswelt war und ist in der deutschen OE ein besonders stark angestrebtes Ziel. Die begriffliche Dichotomie jener Zeit machte den zu überwindenden Ist-Zustand in der deutschen Wirtschaft klar: Industrielle Demokratie sollte den rheinischen Kapitalismus ersetzen. (1)

Wer bin ich, und wenn ja, wie viele?

Die komplexe Wirklichkeit in den Unternehmen und die ebenso komplexe Aufgabe, hier für sozialen

Wandel zu sorgen, haben der OE bis heute das Problem beschert, dass sie nicht ganz genau weiß, wer oder was sie eigentlich ist. So beklagt die Branche selbst, dass in manchen Fachpublikation bis zu 50 verschiedene Definitionen der OE nebeneinander stehen und das Nachdenken über sich selbst bis heute darum nicht zu Ende ist. Eingeräumt wird freilich mittlerweile, dass die Heterogenität der Unternehmenswelten eine heterogene OE erfordert. Daraus folgt, dass es einen Königsweg zur Organisationsentwicklung gar nicht geben kann. (1), (5)

Trends

Vertrauen als Ressource

Die Finanzkrise hat das Vertrauen der Menschen in den Kreditsektor nachhaltig erschüttert. Das jetzt fehlende Kundenvertrauen schlägt sich durchaus in den Bilanzen nieder. Vertrauen ist darum aktuell auch ein Thema für die Organisationsforschung geworden. Sie fokussiert sich dabei auf die Frage, auf welche Weise Vertrauen innerhalb einer Organisation und zwischen Organisationen aufgebaut und nachhaltig etabliert werden kann. Das Thema Kundenvertrauen bleibt dabei eher ausgespart - wohl weil sich die OE, wie oben dargestellt, weniger um Erträge, sondern um das soziale Miteinander im Unternehmen kümmert. (4)

Fallbeispiele

Populäres Konzept: die lernende Organisation

Ein wichtiger Begriff der Organisationsforschung ist die "lernende Organisation", da die Fähigkeit, sich anzupassen, Unternehmen erlaubt, schnell und effizient auf neue Trends und Entwicklungen zu reagieren. Eine aktuelle Studie belegt, dass viele Unternehmen an diesem Konzept interessiert sind. Unter Fachleuten gilt McDonalds als erfolgreiches Beispiel einer lernenden Organisation. (6)

Glücklich ohne Manager

Der US-Lebensmittelhersteller Morning Star zeigt, dass ein Unternehmen auch ohne Hierarchien funktionieren kann. Die Mitarbeiter haben nämlich die Aufgaben des Managements einfach mitübernommen. Das Modell wird gerade von

Organisationsforschern mit Interesse verfolgt. Manche Experten glauben, dass eine managerfreie Unternehmensorganisation überall, auch in Großkonzernen, eingeführt werden könnte. (7)

Weiterführende Literatur

(1) 30 Jahre Organisationsentwicklung
aus OrganisationsEntwicklung Nr. 04 vom 21.10.2011
Seite 004

(2) Neue Führungskonzepte in der Industrie – Acht Thesen zur Dialektik industrieller Organisationsentwicklung
aus ARBEIT - Zeitschr. f. Arbeitsforschung, Heft 03/2011, S. 239-245

(3) Das Selbstbild interner Organisationsberater
aus OrganisationsEntwicklung Nr. 2 vom 23.04.2010
Seite 21

(4) Vertrauen als zentrale Ressource interorganisationaler Kooperationen
aus OrganisationsEntwicklung Nr. 1 vom 20.01.2012
Seite 018

(5) Musterwechsel in Organisationen
aus OrganisationsEntwicklung Nr. 04 vom 21.10.2011
Seite 049

(6) Souverän mit Veränderungen umgehen

aus - Personalwirtschaft, Heft 01/2012, S. 43-45

(7) Schafft die Manager ab!
aus - Personalwirtschaft, Heft 01/2012, S. 43-45

(8) Reflektionen zu 30 Jahre Organisations-Entwicklung: Zum Verhältnis von BWL und OE
aus OrganisationsEntwicklung Nr. 1 vom 20.01.2012
Seite 086

Impressum

Organisationsentwicklung - auf der Suche nach der Arbeitswelt von morgen

Bibliografische Information der deutschen Nationalbibliothek

Die Deutsche Nationalbibliothek verzeichnet diese Publikation in der deutschen Nationalbibliografie; detaillierte bibliografische Daten sind im Internet über http://dnb.d-nb.de abrufbar.

ISBN: 978-3-7379-0254-0

© 2015 GBI-Genios Deutsche Wirtschaftsdatenbank GmbH, Freischützstraße 96, 81927 München, www.genios.de

Alle Rechte vorbehalten. Dieses Werk ist einschließlich aller seiner Teile – z.B. Texte, Tabellen und Grafiken - urheberrechtlich geschützt. Jede Verwertung außerhalb der Grenzen des Urheberrechtsgesetzes bedarf der vorherigen Zustimmung des Verlags. Dies gilt insbesondere auch für auszugsweise Nachdrucke, fotomechanische

Vervielfältigungen (Fotokopie/Mikroskopie), Übersetzungen, Auswertungen durch Datenbanken oder ähnliche Einrichtungen und die Einspeicherung und Verarbeitung in elektronischen Systemen.